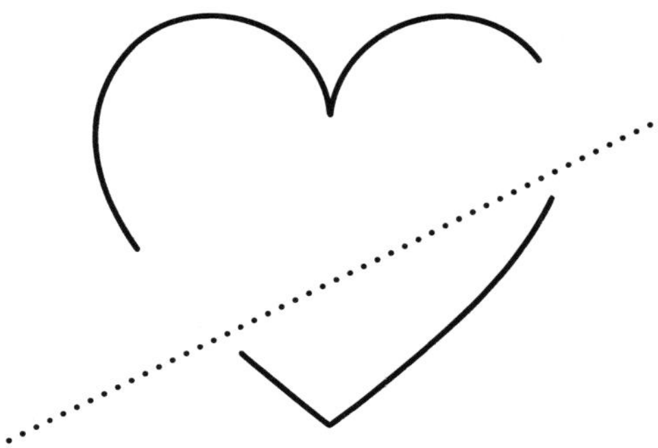

Conseil éditorial : Sophie Thimonnier
Correction : Audrey Peuportier
Mise en page intérieure : Antartik et Jean André
Design de la couverture : Jean André
Production de couverture : Antartik

X
Osez le papier
10, place des Cinq-Martyrs-du-Lycée-Buffon
75015 Paris – France

ISBN : 979-10-285-2707-5

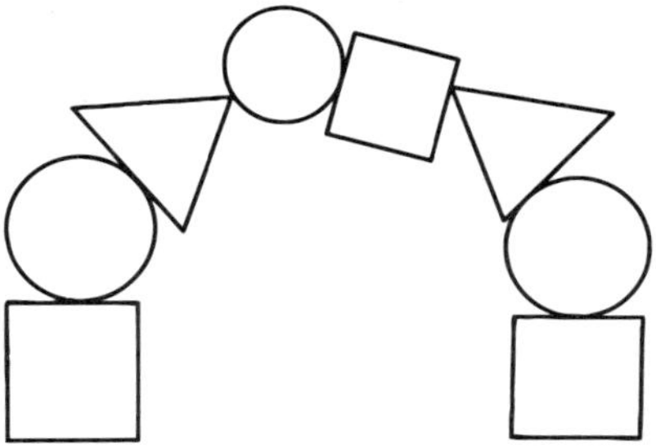

Vous connaissez ce sentiment de satisfaction : quand tout est rangé chez vous, ordonné, à sa place, que vous pouvez vous installer confortablement dans le canapé, allumer une bougie (on est d'accord que tant que la bougie n'est pas allumée, le ménage n'est pas terminé, n'est-ce pas ?), et que vous profitez simplement du calme et du bonheur d'avoir un intérieur propre et rangé. Eh bien, pour moi, c'est un peu le même ressenti lorsque j'écris dans mes carnets.

Parfois j'écris pour me vider la tête, quand mes pensées sont trop chaotiques ou que mes angoisses m'empêchent d'y voir clair. De temps à autre j'ai besoin d'un coup de boost, et pour ça je liste mes gratitudes, puis je note mes objectifs et ça donne une direction plus claire à ma journée. D'autres fois, j'ai juste envie de gribouiller des trucs ou de faire des schémas (#teammémoirevisuelle) pour réorganiser mon esprit.

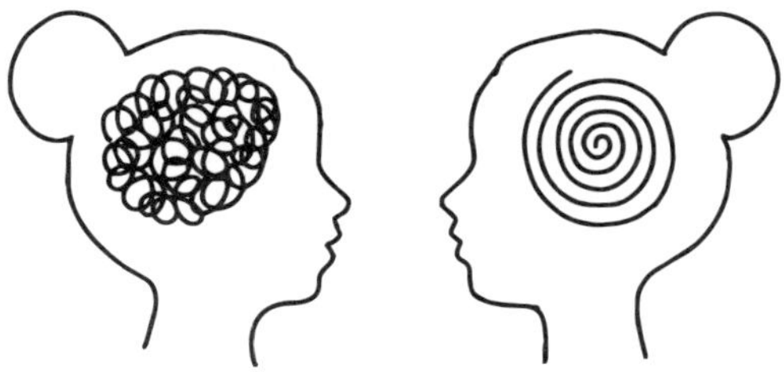

Bref, ça me fait du bien. Et lorsque j'ai commencé à organiser mes carnets sous forme de Bullet Journal®, j'ai découvert la satisfaction d'avoir tous mes carnets condensés en un, disponibles en même temps, au même endroit.

Journées est pensé de cette manière. C'est à la fois un carnet de croquis, un carnet d'organisation, un outil de productivité, de *journaling*, un endroit pour recueillir vos pensées, et pour vous rendre compte du chemin parcouru. Vous l'aurez compris, c'est votre allié de tous les jours.

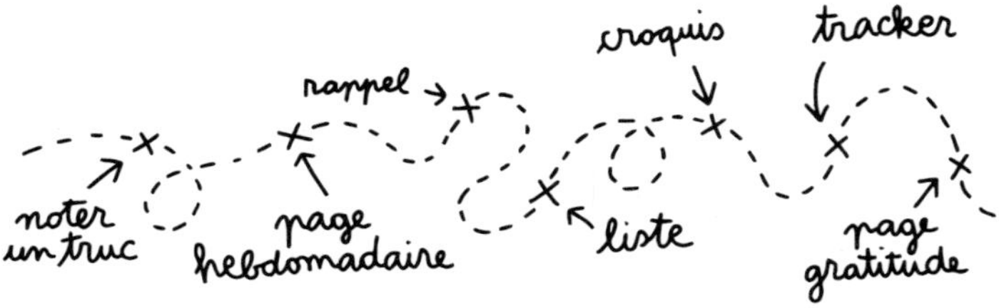

Et comme nous sommes tous et toutes différent(e)s, nous avons pensé ce carnet, avec Jean André, pour tous les profils et utilisations possibles. Hormis cette introduction qui vous guide et vous propose des exemples pour démarrer et construire vos différentes pages, le reste du carnet est laissé vierge pour que vous soyez le plus libre possible d'en faire ce que vous voulez. Appropriez-le-vous, faites des ratures, rêvez à votre futur, dessinez-le, visualisez-le, recommencez, créez, rappelez-vous des choses, petites et grandes. C'est tout ce que l'on vous souhaite dans ce nouveau voyage.

Je m'appelle Karine André, je griffonne dans des carnets tous les jours depuis que je suis adolescente. Je suis coach sportive, mère de 2 enfants, je vis à Paris et j'aime particulièrement le format du *bullet*. Je vous accompagne au fil de ses pages pour vous donner toutes mes astuces et tips pour démarrer votre carnet *Journées* ! Je suis mariée à Jean André, artiste et fondateur du salon de tatouage Bon Jour Tattoo Club. Jean utilise son *bullet* comme un carnet de croquis, de dessins, de matérialisation de ses idées, bref, d'une manière complètement différente de la mienne, et pourtant bien complémentaire !

Karine André

C'EST QUOI CE CARNET ET COMMENT L'UTILISE-T-ON ?

Munissez-vous de vos plus beaux feutres et crayons, ou tout simplement de votre classique stylo noir, installez-vous confortablement comme lors d'un rituel, ou au contraire notez rapidement vos idées entre deux rendez-vous. Toutes les façons de faire sont bonnes et plus vous arriverez à vous approprier ce nouvel outil, plus il vous sera utile.

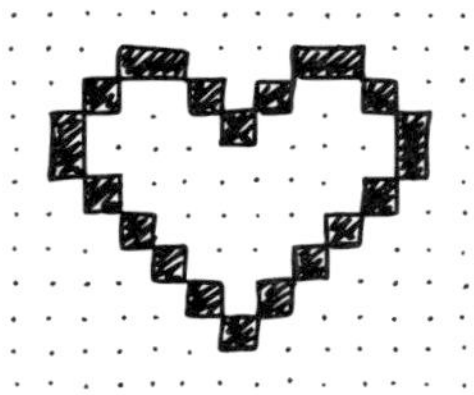

LES PAGES

Elles sont piquetées de petits points qui vous donnent la possibilité de tracer des traits, de séparer les pages en plusieurs sections, de dessiner des tableaux, ou simplement d'avoir une sorte de trame pour créer.

TITRES DE PAGES

En haut de chaque page, vous avez un espace libre qui est destiné à l'écriture d'un titre pour votre rubrique. Cela vous aidera visuellement à vous repérer, mais aussi à clarifier directement les choses dans votre tête !

Remplissez votre carnet exactement comme vous le souhaitez. Organisez vos pages les unes à la suite des autres, même si elles ne se suivent pas forcément. La seule chose que je vous recommande, c'est de ne pas mettre deux sujets différents sur une même page. Vous écrivez votre *to do list* ? Super ! Et maintenant, si l'envie vous prend d'écrire pour planifier vos vacances, par exemple ? Prenez la page suivante, notez-y vos idées et commencez à organiser vos jours *off*. Il sera ensuite plus facile de retrouver la page dédiée à vos vacances et de continuer d'y mettre vos idées ou d'y noter vos meilleures adresses.

LE SOMMAIRE

Un sommaire se situe au début de votre carnet, juste après cette introduction. Utilisez-le pour retrouver plus facilement les pages que vous cherchez. Concrètement, si votre *to do* du jour est en page 24 et que l'organisation de vos vacances d'été 2023 est en page 25, reportez les titres de vos pages comme ceci :

24	TO DO	*Semaine 12*
25	ORGANISATION	*Summer 2023*

VOS SYMBOLES

Un des trucs cool avec le Bullet Journal®, c'est que vous pouvez le personnaliser au fur et à mesure avec des petits symboles, des *doodles*, des dessins, qui vous aideront à vous repérer ou à y voir plus clair. Créez votre propre code en fonction de votre utilisation. Vous pouvez par exemple attribuer le symbole « étoile » à vos rendez-vous, un petit rond pour les trucs à faire de votre *to do*, un point d'exclamation pour les choses importantes ou urgentes. Plus ponctuellement, le symbole « soleil » à vos vacances, un cœur pour vos *couple dates*, etc. ! Voyez les symboles qui reviennent souvent et ceux qui ne sont que de passage, mais amusez-vous visuellement à vous repérer au sein de vos pages et au fil du carnet. C'est tout son intérêt !

Pour vous aider ou vous donner des idées, vous trouverez joint à ce carnet, deux planches de stickers ainsi que des pochoirs. Utilisez-les exactement comme vous le souhaitez. Pour illustrer ou « marquer » certaines pages, pour vous repérer, ou simplement pour décorer. Vous pouvez aussi prendre un des motifs qui vous plaît et le reproduire tout au long de votre carnet.

JOURNAL / LISTE / NOTE

LE *JOURNALING*

Notez simplement tout ce qui vous passe par la tête. Comme lorsque vous écriviez dans votre journal intime ! Écrire, ça fait du bien à la tête, ça clarifie l'esprit et ça désencombre. Vous pouvez aussi vous poser une question et y répondre.

LES LISTES

Inscrivez en haut de page le titre de votre liste, et remplissez-la au fur et à mesure : livres à lire, expositions à faire, lieux à visiter, contenus à créer, etc.

LA VISUALISATION

Que voulez-vous réaliser dans les prochains mois ? Dans les prochaines années ? Quels sont vos rêves ? Quels sont vos projets ? Décrivez-les en détail : les couleurs, les sensations, les lieux... La visualisation est un outil puissant qui requiert un peu d'entraînement, votre carnet peut totalement être un support si vous voulez vous y mettre !

LA *BUCKET LIST*

La *bucket list*, c'est la liste des choses que vous voulez absolument faire ou voir avant de mourir. C'est une liste de rêves et un outil précieux pour voir les choses en grand et peut-être transformer certains de vos rêves en objectifs... puis en réalité !

LES PAGES GRATITUDE

Il s'agit d'un des exemples d'utilisation les plus faciles à mettre en place et aussi un des plus efficaces. Écrivez tous les soirs votre liste de gratitude. Qu'est-ce qui vous a amusé(e) aujourd'hui ? Fait sourire ? Aidé(e) à passer une bonne journée ? Le noter, c'est l'ancrer dans la réalité, et ça rend un peu plus joyeux(se) chaque jour. Vous pouvez également y consacrer un espace en fin de chaque page.

☺	AUJOURD'HUI J'AI PASSÉ UN JOURNEE GÉNIALE ! VIVEMENT DEMAIN ! ♡

TRACKER / OBJECTIFS

LES SUIVIS D'HABITUDE

Vous pouvez intégrer un petit *tracker* sur votre page mensuelle (voir page 12), qui vous permet de suivre les habitudes que vous avez ou que vous essayez de mettre en place : sport, temps pour soi, sommeil, hydratation… Un petit encart visuel vous permet de suivre tout cela en un coup d'œil.

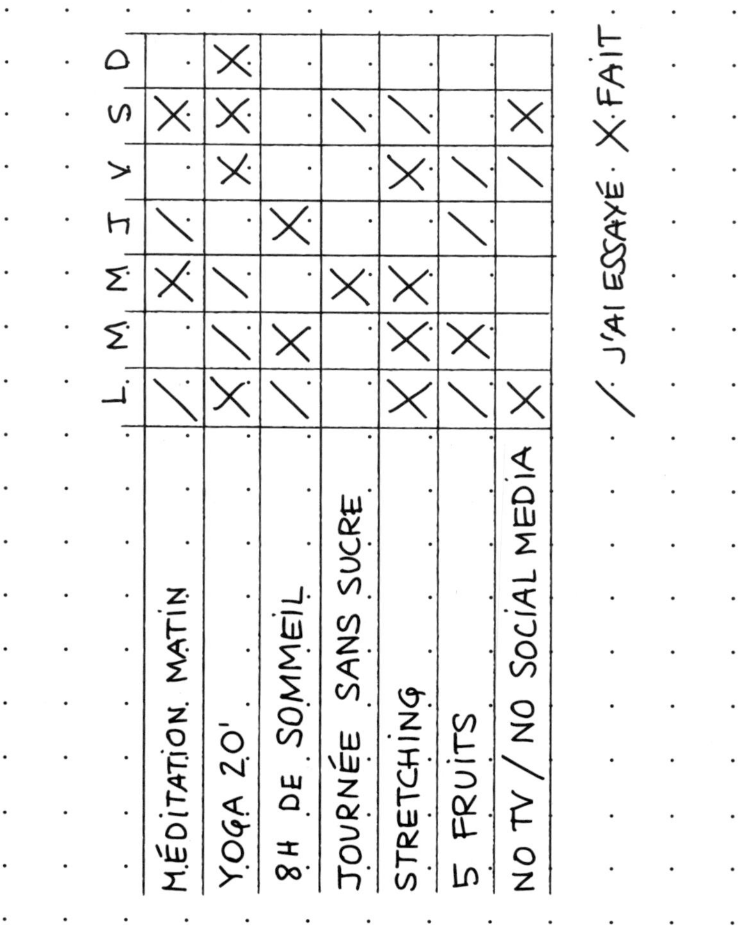

LES OBJECTIFS

Quelque chose que j'aime bien faire, c'est noter tous mes objectifs dans une grande liste, puis rassembler ceux qui appartiennent au même genre, et créer des listes avec des sous-objectifs. Cela me permet de découper mes objectifs en actions de plus en plus concrètes et réalisables. Je garde quand même toujours une page classique pour mes « objectifs » dans laquelle je note de nouvelles idées lorsqu'elles me traversent l'esprit.

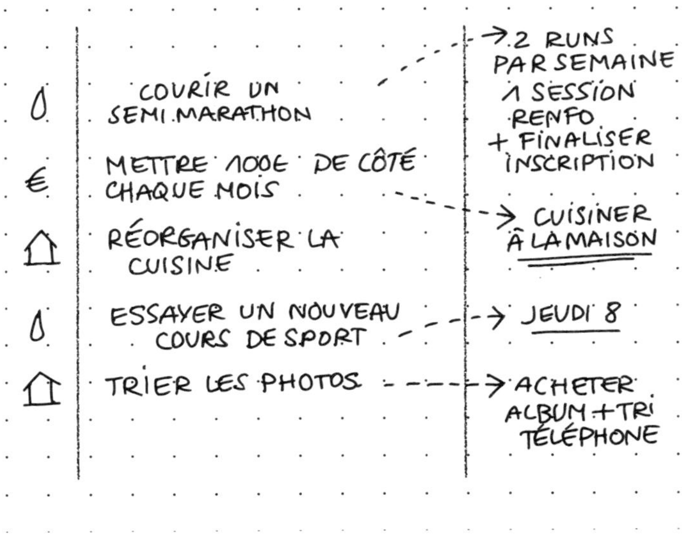

AGENDA / CALENDRIER

Oui, *Journées* peut aussi vous servir d'agenda classique, tout en étant aussi votre journal, votre carnet de notes et de dessins, et tant d'autres choses (à vrai dire, tout ce que vous pouvez imaginer) ! Pour cette partie, je vous propose des façons de styliser vos différentes pages, afin de vous aider à vous lancer. Lorsque j'ai commencé à remplir mon premier Bullet Journal®, j'ai testé différentes configurations de pages agenda (mensuelles et hebdomadaires, notamment), chaque mois je changeais, j'améliorais ou modifiais des petits éléments, jusqu'à trouver un design qui me convienne. Donc, si vous tâtonnez, c'est normal !

PAGE ANNUELLE (6 OU 12 MOIS)

Commencez par la ou les pages annuelles. Selon le niveau de détail que vous souhaitez y apporter, utilisez une ou deux pages (par exemple une double page peut servir pour 12 mois, ou 6 mois si vous y inscrivez beaucoup de choses). Notez les chiffres de 1 à 30 (ou 31) pour chaque mois, avec la première lettre de chaque jour de la semaine. Ensuite, pour remplir votre page annuelle, vous pourrez soit utiliser des symboles, un code couleurs (pour chaque type de projet par exemple), ou encore noter en quelques mots les éléments importants de chaque mois. À vous de voir !

PAGE MENSUELLE

Vous pouvez découper votre page en un tableau qui représentera votre mois. Par exemple 6 ou 7 colonnes (jours de la semaine) et généralement 5 lignes à compléter chaque jour. Comme pour vos pages annuelles, utilisez des couleurs ou des symboles pour remplir les pages mensuelles, notez en quelques lettres/mots les éléments les plus importants du mois. J'aime bien laisser un peu de place en bas ou en haut de mes pages mensuelles pour mettre un petit encart « notes », « objectifs » ou « important ». Généralement, ça m'aide à organiser mon mois.

Votre page mensuelle va vivre avec vous tout au long du mois. Parfois vous aurez beaucoup de choses à y noter, parfois non, et ce n'est pas grave du tout. À la fin du mois, j'aime bien revenir sur ma page complétée et y reporter les rendez-vous ou choses que j'ai oubliés de noter. Vous pouvez utiliser un sticker, une pastille ou une couleur différente pour faire vos pages mensuelles, et lorsque vous feuilletterez votre carnet à la fin de l'année, pour pourrez alors revoir en un coup d'œil les éléments qui ont rythmé votre année !

PAGE HEBDOMADAIRE

Les pages hebdomadaires sont les pages que j'utilise le plus souvent et celles que je préfère. Je les crée généralement le dimanche soir ou le lundi matin, et ça me donne l'impression de démarrer la semaine du bon pied, avec une nouvelle page, une nouvelle énergie, de nouvelles envies ! Faites un peu de place pour chaque jour de la semaine, puis rajoutez 1, 2 ou 3 encarts dans votre page : « notes », « *to do* de la semaine », « objectifs », « rendez-vous ». C'est à adapter selon vos besoins, votre rythme et votre utilisation.

PAGE QUOTIDIENNE

Elle est votre fil conducteur de la journée. Vous pouvez décider d'un design pour vos pages quotidiennes en début de semaine ou même en début de mois, et en changer à chaque fois, ou bien toujours garder le même. Elle peut comprendre : votre *to do* du jour, un rappel de vos objectifs de la semaine/du mois, un encart « notes », vos rendez-vous du jour, etc. Avec le temps, vous allez peaufiner son contenu comme sa mise en page. Je vous glisse des exemples de ces différentes pages juste après, ainsi que des pages vierges pour vous entraîner avant de vous lancer dans votre carnet.

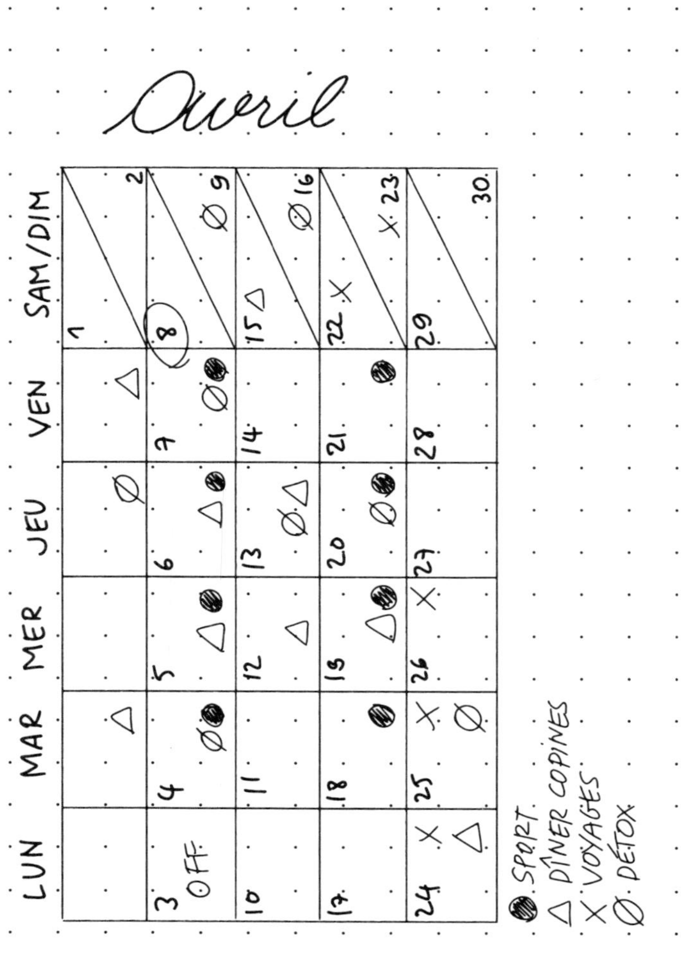

PAGE MENSUELLE

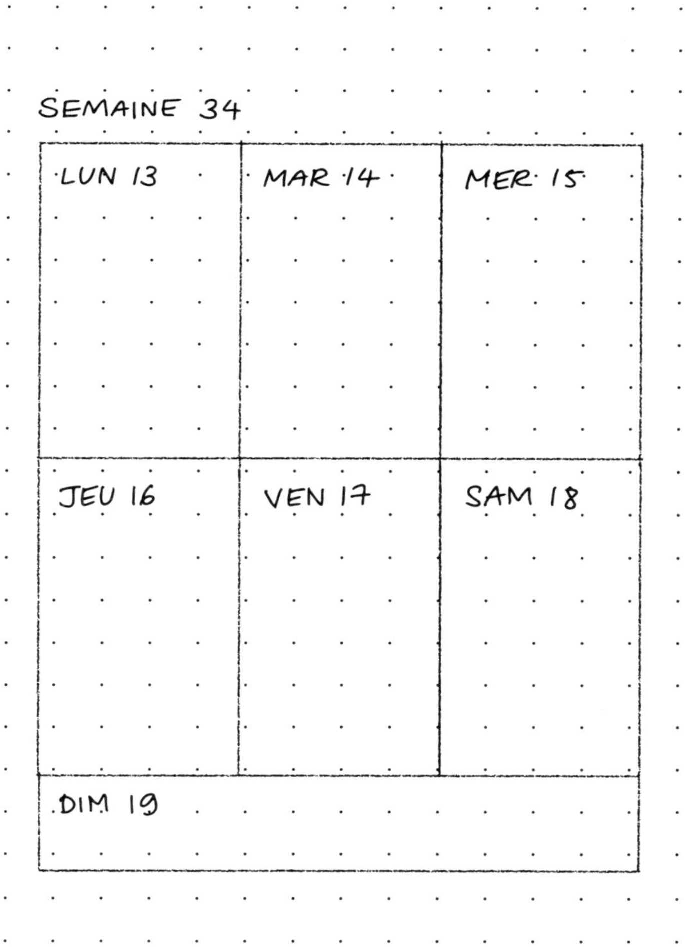

PAGE HEBDOMADAIRE

Mardi 20 Juin

PAGE QUOTIDIENNE

PAGE MENSUELLE

PAGE HEBDOMADAIRE

Vous voici maintenant prêt(e) à démarrer votre propre carnet *Journées* !

Les pages sont laissées libres pour que vous puissiez vous exprimer pleinement et les remplir à votre convenance. Seules quelques phrases chères à mon cœur se glissent au fil de l'eau, comme des petits mantras, des petits rappels pour vous remettre à l'esprit que vous êtes quelqu'un d'incroyable, des petites pensées pour changer de perspective ! J'espère de tout cœur que ce carnet vous plaira, vous apportera bien-être et épanouissement comme c'est le cas pour moi depuis des années, et j'ai hâte de voir vos créations !

Sommaire

Page 50 : . . . .
Page 51 : . . . .
Page 52 : . . . .
Page 53 : . . . .
Page 54 : . . . .
Page 55 : . . . .
Page 56 : . . . .
Page 57 : . . . .
Page 58 : . . . .
Page 59 : . . . .
Page 60 : . . . .
Page 61 : . . . .
Page 62 : . . . .
Page 63 : . . . .
Page 64 : . . . .
Page 65 : . . . .
Page 66 : . . . .
Page 67 : . . . .
Page 68 : . . . .
Page 69 : . . . .
Page 70 : . . . .
Page 71 : . . . .
Page 72 : . . . .
Page 73 : . . . .
Page 74 : . . . .
Page 75 : . . . .
Page 76 : . . . .
Page 77 : . . . .
Page 78 : . . . .
Page 79 : . . . .
Page 80 : . . . .
Page 81 : . . . .

Page 82 : . . . .
Page 83 : . . . .
Page 84 : . . . .
Page 85 : . . . .
Page 86 : . . . .
Page 87 : . . . .
Page 88 : . . . .
Page 89 : . . . .
Page 90 : . . . .
Page 91 : . . . .
Page 92 : . . . .
Page 93 : . . . .
Page 94 : . . . .
Page 95 : . . . .
Page 96 : . . . .
Page 97 : . . . .
Page 98 : . . . .
Page 99 : . . . .
Page 100 : . . . .
Page 101 : . . . .
Page 102 : . . . .
Page 103 : . . . .
Page 104 : . . . .
Page 105 : . . . .
Page 106 : . . . .
Page 107 : . . . .
Page 108 : . . . .
Page 109 : . . . .
Page 110 : . . . .
Page 111 : . . . .
Page 112 : . . . .
Page 113 : . . . .

Page 114 : . . . .
Page 115 : . . . .
Page 116 : . . . .
Page 117 : . . . .
Page 118 : . . . .
Page 119 : . . . .
Page 120 : . . . .
Page 121 : . . . .
Page 122 : . . . .
Page 123 : . . . .
Page 124 : . . . .
Page 125 : . . . .
Page 126 : . . . .
Page 127 : . . . .
Page 128 : . . . .
Page 129 : . . . .
Page 130 : . . . .
Page 131 : . . . .
Page 132 : . . . .
Page 133 : . . . .
Page 134 : . . . .
Page 135 : . . . .
Page 136 : . . . .
Page 137 : . . . .
Page 138 : . . . .
Page 139 : . . . .
Page 140 : . . . .
Page 141 : . . . .
Page 142 : . . . .
Page 143 : . . . .

I am capable of everything.

I allow myself to make mistakes.

I am at peace with myself.

I don't always have to do things perfectly.

I am loved.

I focus on the good.

I am full of energy today.

I choose to live in the moment.

I am connected to the world around me.

I don't need to be perfect.

Everything is temporary.

I live experiences that help me grow.

I enjoy my creativity.

I am worthy of so much.

I can feel proud of myself.

I trust the process.

I am grateful for my body.

I can breathe and relax.

There are many different ways to do something.

I feel inspired.

Tomorrow will be a new day.

I am stronger than this.

Cet ouvrage est composé de matériaux issus de forêts bien gérées certifiées FSC®, de matériaux recyclés et de matériaux issus d'autres sources contrôlées.

Le Forest Stewardship Council® est une organisation internationale non gouvernementale qui encourage une gestion écologiquement adaptée, socialement bénéfique et économiquement viable des forêts de la planète.

Pour en savoir plus, consultez le site *www.fsc.org*

FSC
www.fsc.org
MIXTE
Papier issu
de sources
responsables
FSC® C164814

Achevé d'imprimer en mars 2023 par Typolibris

Dépôt légal : mai 2023

Imprimé en Turquie